JN022270

スミばあばの言葉

あなたを励ます珠玉の言葉

原　光彦

スミばあばの言葉

あなたを励ます珠玉の言葉

原　光彦

はじめに

言葉には力があります。真実を教える言葉は文字に刻まれ失われることなく伝えられてきました。気持を鎮めこれらの言葉を味わえば、時空を超えて書き手と心を通じさせることができるでしょう。

現在、世界中の人々は、新型コロナウイルス感染症蔓延によって直接的な人と人との交わりが制限され、今までとは違う生き方を求められています。この様な時こそ、過去を振り返り、歴史に磨かれた言葉を味わい、人間にとって何が一番大切なのかを考えるべきではないでしょうか。これらの言葉は、私たちを励まし進むべき正しい道を示してくれるでしょう。

この本では、今からおよそ百年前に教育者として活躍した大江スミ先生の言葉を紹介させていただきます。大江先生は、長崎県で生まれました。大柄で元気な赤ちゃんでしたが生まれつき顔にアザがあり、このことが少女時代の大江先生を苦しめました。東洋英和女学校でキリスト教に出会い、アザを持って生まれた意味を悟り、一流の英語力を身につけました。そして女性として数少ない官費海外留学生としてイギリスに渡りました。イギリスで最先端の家政技術と社会衛生学を学び、日本に伝えたため家政学の先駆者と呼ばれております。家政学とは、衣・食・住・育児にわたる生活全体を扱う総合的な学問です。

大江スミ先生は、明治四十四年に「三ぼう主義」という本を書かれました。「三ぼう主義」とは、ある人が発した「国を治めるには、女房、説法、鉄砲の三つのぼうが大切」という言葉に由来しております。「三つのぼう」を言い換えれば、女房は家庭、説法は宗教、鉄砲は兵備ということになります。

明治時代に発刊された「三ぼう主義」は昭和六十二年に「増訂三ぼう主義」として復刻されました。私は、平成二十七年に復刻版を手に入れ、その内容の素晴らしさに感銘を受けました。しかし、旧字体で書かれた文章を読み込むにはかなりの努力を要するため、私が感動した大江先生の言葉に、現代的な解説を添えれば、お言葉が次の世代に伝わるのではないかと思いつきました。大江先生は、敬虔なキリスト教徒であり、私は日本的仏教徒なので宗教に関する部分は、大江先生の意図を十分に反映できない可能性がございます。更に解説文は、三ぼう主義の現代語訳ではなく、その言葉から想起される事柄をエッセイとして綴っておりますので内容が浅薄になってしまったかもしれません。そこで、解説文の最後に原典とした書籍名とページ数を記載しました。

大江先生は偉大な教育者ですが、私を可愛がってくれた祖母に似ており、とても身近に感じます。そこで本書では親近感を込めて「スミばあば」とさせていただきました。スミばあばの暖かさが少しでも伝わる様に、言葉やイラストは、手書きにしました。

私は、長い間病院の小児科医として働いてきました。格言や伝記を読むのが好きで、七年ほど前に、大江先生の伝記に出会いました。大江先生の生き方や言葉は大変力強く、私自身、何度も助けていただきました。運命は不思議なもので、平成二十七年から東京家政学院大学の教壇に立つことになり現在に至っております。東京家政学院大学は大江先生が開設された家政研究所をルーツとした大学です。

この本で紹介させていただく「スミばあばの言葉」が、私を支えてくれた様に、みなさんのお役に立つことを願っています。

＊「スミばあばの言葉」には、聖書の言葉や有名な格言と類似した部分もあります。この点は、「真理は一つ」の現れとして受け止めていただきたいと存じます。

スミばあばの言葉　目次

知ってることと
できることは
次元がちがう

知っていることとできること

最近の人工知能（ＡＩ）技術の発展は目覚ましく、ＡＩ機器やアプリに質問すれば、単語の意味、今日の天気、目的地へのルート、近くのレストランなど瞬時に答えてくれます。しかし、ＡＩの最大の問題点は、使い手が期待する答えしか返ってこないことです。

ＡＩは人をモデルとして開発されてきました。人間は、目、耳、鼻、舌、皮膚などで情報を受け取り、神経を介して脳に伝え、大脳で情報処理して、再び神経によって筋肉などに命令を伝えて状況に応じた反応をしています。そして、物事を判断するためには、知識の蓄積が必要です。「知っている」という意味は大変幅広く、物事を調べる手段が分かることから、物事を正確に自分の脳に記憶していて、いつでも適切な表現で取り出すことができるレベルまで様々な段階があります。

スミばあばが学生に求めたことは、確かな知識を基礎にして、実践を繰り返すことによって技能を身につけることです。通常、「知識」と訳されることが多い英語のKnowledgeの本当の意味は、「経験や教育を通じて身につけた専門的な技能」で、単なる知識ではありません。生活を楽しむためには、家事を知り、様々な技術を身につけ、効率よく家庭を整えることが必要です。そうすれば、残りの時間で文化的な活動をすることができます。

家政学は人間の学問です。Knowledgeのレベルに達するためには、何度も繰り返す必要があります。そして、知識活用の場面では相手の状況に見合った応じ方をします。ここがワンパターンのＡＩとは異なる点です。一旦身についたKnowledgeは、どんなに世の中の状況が変わっても、奪いとられることはありません。Knowledgeを身につけましょう。

（東京家政学院創立者　大江スミ先生ｐ６－７）

人の良いところは
ほめてあげよう

人の良いところは褒めてあげよう

人は誰でも、欠点をけなされるより、長所を褒められる方を好みます。家族や友人、あなたが特別に思っている人と一緒の時は、その人の長所に注目しましょう。欠点がない人などこの世にいないからです。そして、長所を見つけたら声に出して褒めてあげましょう。はじめは、恥ずかしく感じるかもしれませんが、だんだん慣れてくるものです。褒められて嫌な気分になる人はいません。相手から輝く笑顔や「ありがとう」の一言が返ってくるかもしれません。特に家族の間では、当然のこととして声に出さない習慣になっているかもしれませんが、どんなに近い間柄でも言葉にしないと伝わらないことが沢山あります。お互いに長所を認めて褒めあうことが、幸せな環境のもとになります。褒めることは様々な事柄に関する教育効果を上げるための大きな力になります。人の良いところに気づいたらすかさず褒めてあげましょう。

（増訂三ぽう主義　p１４７-１５３）

綺麗な人は羨しい
けれども神様は
人の心をご覧になる

綺麗な人は羨しい

私たちには、見る、聞く、嗅ぐ、味わう、体で感じるなど、五つの感覚が備わっており仏教では五根と呼ばれています。中でも目から入る視覚は、瞬間的に心に強い影響を及ぼします。「人は見かけが１００パーセント」という漫画があるくらいです。みなさんは、白雪姫の魔法の鏡をご存知ですね。「鏡よ鏡、世界で一番綺麗な人は誰？」と悪の女王が毎日問いかけるあの鏡です。私たちの日常を振り返ると、多くの人が、現代の魔法の鏡であるスマホやタブレット、ＰＣのディスプレーに向かって、毎日綺麗なものを追い求め、無意識のうちに自分と他人を比べているかもしれません。綺麗なものを見ることを「目の保養」といい、本来は気分をよくするはずですが、他人と比べる心は劣等感や嫉妬心に繋がりやすく、要らぬストレスの原因になってしまいます。

スミばあばの心の支えだったキリスト教では、神様はご自分の姿に似せて人をお作りになったとされています。そして、神様は人の心をお見通しで、人が愛を持って生きていることを大変お喜びになると言われています。スミばあばは、顔にアザがある身として生まれました。このことがどれほど少女時代のスミばあばの心の重荷になっていたかと思うと心が痛みます。しかし、スミばあばは十四、五歳の多感な時期に、キリスト教と出会い、神様の存在を信じ、神様を意識して暮らす様になりました。神様は、人の外見に関わらず、常に全ての人に愛情を注いでおられます。綺麗な肉体を一生保つことは不可能です。自分の容姿を他人と比べるより、「神様から見て現在の私の心根は美しいだろうか？」と自問して生きて行くほうがずっと幸せに近づくことができるでしょう。

（増訂三ぼう主義ｐ２５６－２５７）

行儀は大事

行儀は大事

イギリスはジェントルマンの国と呼ばれ、男の子は子供の頃からジェントルマンになるべく教育されています。ジェントルマンは一般に、紳士と訳されますが、その正確な意味は深遠でイギリス人でないと把握しきれないかもしれません。「武士道」を書かれた新渡戸稲造先生の著作の中に、子どもにジェントルマンリー gentlemanly（ジェントルマンの形容詞）の意味を聞かれた父親が、ジェントルマンリーを一般的な、gentleman にlyを付けたものであると説明せずに、優しくgentleで男らしいmanlyと教えたことに感心する話が載っています。イギリスに留学し、本物のジェントルマンに接してきた、スミばあばは、その頃の日本男子の行儀の悪さを嘆いておられます。そして、礼儀を正す方法として食卓の環境を整えることを勧めています。礼儀は、相手を尊重しコミュニケーションを円滑にするためにあります。その場にふさわしい礼儀を身につけることは、良い人間関係の基礎となるものです。若者の特権としてある程度の無礼は許されるかもしれませんが、若いからといってあえて無礼な振舞いをする必要はありません。

（増訂三ぼう主義ｐ１５７－１７４）

研究は人を
まじめで注意深く
する

研究は人を真面目にする

品性を高めるには、学ぶことが大切です。歴史ある多くの西洋の大学は、宗教教育の場として始まっており、講堂以外に、心を整える礼拝堂、体を養い礼儀を身につける食堂、研究を支える実験室や図書館、体を鍛える運動場など種々な施設を備えています。イギリスの伝統ある私立大学の学生は、身分にかかわらず寄宿舎で集団生活を行うことになっています。この様な素晴らしい学習環境のもとで勉学に打ち込めば、学力ばかりでなく、宗教心や謙虚さなどの高い品格を身につけることができます。一方、日本の大学の多くは宗教的背景を持っておりません。このことが、利益のためなら手段を選ばない偽エリートができてしまう原因かもしれません。

スミばあばは、留学先のイギリスで、研究や実践を通じて生活を豊にするための実学を学びました。研究生活では、研究が進むほど、分からない点が出てきます。研究を完成させるためには、それらを一つ一つ整理して根気よく解決してゆくことが要求されます。「人生は習慣の織物である」と言われる様に、毎日敬虔な気持ちで研究に取り組むことが、研究者を真面目で注意深い性格に変えてゆくでしょう。習慣が人を作ります。毎日の生活を大切にいたしましょう。

（増訂三ぽう主義ｐ２１１－２２１）

学んだからと
思い上っては
いけません

思い上がってはいけません

キリスト教徒が、日々の生活で最も気をつけていることは、高慢にならないことだそうです。

スミばあばは、東洋英和女学校を卒業してすぐの二十一歳で母校の教壇に立ちました。当時の東洋英和女学校は良家の子女が集まる学校で生徒たちの気位も高く、新米教員のスミ先生は学生達の格好の餌食になってしまいました。そして時には授業がすすめにくいほどだったといいます。スミばあばは、後に面白い言葉を残しています。それは「かしこい悪魔を作ってはいけない」というものです。「小悪魔」や「優しい悪魔」は個人的には大歓迎ですが、「かしこい悪魔」とはどんな人を指すのでしょう。それは、知識があっても人を敬うことを知らない高慢な学生のことです。女子教育が始まったばかりの当時は、女学校へ通うこと自体が上流階級の証でした。しかし、謙虚に学ぶという徳がなければ、学習効果は上がらず、学習過程が進むほど思い上がりが強くなり、高慢さに拍車がかかる結果になってしまいます。「高慢は悪魔への道」とも言われ、キリスト教の七つの大罪のうちで最も重い罪とされています。スミばあばは、自分の教育力不足を反省するとともに学生は教育を受ける大前提として、謙虚さという徳を持っていなければならないという結論に至った様です。

私達も、何かを学ぶ際には、まずは素直な心で臨み、上達の手応えを感じても、決して思い上がらない様に気を引き締め、更なる高みを目指しましょう。

（ひとひらの雪としてｐ33－36）

心に神様がいれば
どこへ行っても
ひとりではない

心に神様がいれば一人ではない

孤独感ほど人を消極的にするものはありません。孤独な人や孤独感を感じる状況としては、監獄内の受刑者、美を追求する芸術家、高邁な目標を掲げた経営者、身勝手が祟って家族から相手にされないお父さんなどが思い浮かびます。しかし、もっと一般的なのは、大切な人と喧嘩した後や、長い間親元を離れて生活しなければならない時などでしょう。

スミばあばは、二十歳代で教員として沖縄に出向することになりました。当時の沖縄は、琉球国から沖縄県になったとはいえ、言葉や文化は東京とは全く違っていました。スミばあばのお父様は、娘が若い女性の身で最も遠い場所へ単身赴任を命じられたことをとても心配されたそうです。一方、お母様は、スミばあばに「お前は、神様という友達を持っておるから、私は信じてお前をやることができる」と言って立派に仕事をしてくるように励ましました。お母様のご実家は日蓮宗の家だったので、お母様も仏教徒だった可能性が高いのですが、流石に母親だけあって、娘が最も必要とする言葉を必要な時にお授けになったことにお母様の愛を感じます。お母様から頂いたこの言葉がスミばあばの孤独感を拭い去り、沖縄での教育を成功させ、後のイギリス留学への足がかりとなりました。

神様が、常に悩める人と共に歩んでいることを表現した、「あしあと」という詩があります。この詩は、作者不詳とされてきましたが、実際は原作者がいらっしゃいます。この詩がどんな経緯で作者不詳となったかがわかれば、あなたも人知を超えた神様の意図を感じることができるでしょう。

（明治文明開花の花々ｐ１５０－１５３）

（あしあと　マーガレット・Ｆ・パワーズ著　松代恵美訳　太平洋放送協会発行）

子どもは
親がする事とじつと見ていて
同じことをする様に
なります

子は親の鏡

文明開化の最中、新渡戸稲造先生が、「武士道」を著すきっかけになったのは、西洋の学者から日本人の子どもの道徳教育について問われた際に、日本には西洋で行なわれている信仰に基づく家庭教育に相当するものが見当たらず、その代りに武士道があることに気づいたことでした。

人間として幸せな人生を送るためには、宗教心を持つことがとても大切です。偉大な業績をあげている多くの科学者達も、人間を超えた大いなるものの存在を信じており、その存在を、神や仏と呼ぶ代りにサムシンググレートと呼んでいます。

宗教心を養うためには、親切かつ熱心な先生、先生の言うことを受け入れる素直な心、長い時間が必要です。この三つの条件を満たすのは子ども時代以外にはありません。そして子どもにとって親切かつ熱心な先生とは、多くの場合母親です。母親が、日々心から祈りを口ずさんでいれば、素直な子どもの心に宗教心の種が撒かれます。子どもが成長するにつれて、心の状態は変わってゆくでしょうが、撒かない場所から芽が出ることはありません。生まれてから大人になるまでの家庭での宗教的習慣は、神をも恐れぬ不遜な大人になることを防いでくれるでしょう。子どもは親がすることをじっと見ていて、いずれ同じことをするものです。

（三ぼう主義ｐ２４３－２５４）

人間のタイプ

一、まわりに支配される人

二、まわりを利用できる人

三、まわりを変えられる人

三種類の人間

一「まわりに支配される人」

多くの人は、忙しさに押し流され、物事の本質を考える余裕がありません。そしてニュースやネット上に配信される他人の意見や一般常識を鵜呑みにしがちです。このため、他人から悪口を言われれば相手を恨み、感染症や災害などで環境が一変すると、途方にくれたり、社会を呪うばかりで、問題の解決には繋がりません。

二「まわりを利用できる人」

心の使い方や魂の向上に関心がある人は、置かれた環境を利用することができます。もし貧しければ、自分の境遇を嘆くばかりでなく、同じ境遇の仲間のことを想い、もしお金持ちになれば、感謝する気持を忘れず必要な人に寄付を施すなど、どの様な環境でも自らの心の成長に応用できる人です。

三「まわりを変えられる人」

スミばあばは、例として、お釈迦様や孔子様キリスト様などを挙げています。これらの教祖様達は、当時の常識を打ち破る大きな心（慈悲、恕、愛）で、確かに人心や社会を変えてしまわれました。

現代に生きる私たちは、日常に流されることなく、日々生じる物事の意味をよく考え、心の成長を意識して、「置かれた場所で咲ける様」心がけたいものです。

（増訂三ぼう主義ｐ２３７－２４３）

祈りのとき

祈りのとき

スミばあばは、体格が良く、負けん気が強かったので、小学生の頃は、「おスミのきかん坊」と呼ばれていたそうです。東洋英和女学校に入学し、カナダ人女性宣教師のもとで寄宿舎生活を送るようになり、そこでキリスト教に出会いました。婦人宣教師達の平等で愛情深い教育によって、アザを持って生まれた劣等感から解放され、前向きになれたのです。若き日のスミばあばは、神様がお喜びになる「心が美しい女性」になろうと、懸命に努力しました。しかし、現実は厳しく、何度かくじけそうになりました。先生に相談すると、先生は、「毎日使っている文字を忘れないように、美しい心が本当に自分のものになるまで、神様を手本として、祈りと努力を続けなさい」と励ましてくれました。

スミばあばは、生涯キリスト教徒として、祈りのある生活を続けておられました。キリスト教徒は、朝、夕、食事時、仕事の始めと終わりに、祈りを捧げていると聞いています。祈りのある習慣が、次の世代を感化し、謙虚さや本当の強さを作ります。

今年は、新型コロナウイルス感染症の影響で、子ども達が自宅で過ごす時間が増えており、親からは「在宅勤務に支障がある」、「食事の準備が大変」などという声が聞かれます。しかし、ここで考えて欲しいのは、皆さんの思考内容とその使い方です。目覚めている時の大部分を「お金のこと」に使っていないでしょうか？　家族や周囲の人々のことを考える時間はどのくらいありますか？　祈りのときを持っていますか？　日々の祈りのときを持つことが、あなたを「良き者」にしてくれるでしょう。

（増版三ぼう主義ｐ２２６－２２９）

天命を知り
運命を拓く

天命を知り運命を拓く

天命とは、私達一人一人に命が宿った時、それぞれの一生で解決すべき課題として神様から贈られたもので、変えることはできません。一方、運命とは、神様から頂いた課題をどう解決するかということであり、変えることができます。

人は、不都合なことや大災害に出会うと。「運命だから」と諦めてしまうことがありますが、これでは解決にもなりません。日々の祈りを通じて、「自分の天命は何か」を問いかける必要があります。神様からのお返事はすぐには頂けませんが、一生の間に起こる様々な出来事の意味を真剣に考えれば、神様の意思である天命が浮かび上がってくるでしょう。

キリスト教徒は、日々の仕事の際に、「神様のご意志を、神様に代わってさせていただいている」「神様は越えられない試練はお与えにならない」という考えで努めていると聞いたことがあります。これこそが、天命を知る生き方だと思います。

スミばあばの活躍した時代は、戦争や災害が立て続けに起こった激動の時代でした。スミばあばはご自分にあたえられた天命を実現させるため、大正十二年に市ヶ谷の自宅に家政研究所を作りましたが、開設した年に関東大震災が起こり被災してしまいました。しかし、スミばあばは、大震災のわずか二年後に、東京家政学院設立の許可を取り、昭和十年には当時、東洋一と言われていた校舎が完成しました。しかしこの校舎も、昭和二十年の東京大空襲で全焼してしまいました。その後もスミばあばは、学校再建のために奔走したあげく、昭和二十二年の大晦日に脳卒中で倒れ、翌年一月六日に天に召されました。

スミばあばの人生は、天命を知り、自らの運命を力強く切り開いた感動的な人生でした。

（明治文明開花の花々ｐ１５８－１７６）

必要なものは
与えられる

必要なものは与えられる

あなたにとって一番大切な物は何ですか？　愛する家族、財産やお金、地位、名誉など、人によって様々でしょう。一番大切なのは「命」であることは言うまでもありませんが、一番大事な物として多くの人は「お金」を挙げるのではないでしょうか。お金は寂しがり屋で、大事にしないとすぐに居なくなりあるところには集まりやすいと言われています。

スミばあばのお父様は、長崎のグラバー商会に月給五円で雇用されていました。子どもは四人で、それ以外に父の兄弟三人も養育していたので、家計にゆとりはありませんでした。この様な苦しい環境の中、スミばあばのお母様は、大きな借金をして何軒かの貸家を手に入れ、それらの家賃収入で上京するための財産を作ることができました。

スミばあばは、後に学校を設立することになりますが、学校を作るには莫大なお金が必要でした。スミばあばは、その当時珍しかった自家用車を使って資金集めに奔走するとともに、利付校債を考案するなど、母親譲りの才覚を遺憾無く発揮したそうです。

マタイによる福音書7には、「求めなさい。そうすれば、与えられる。」という有名な言葉があります。この言葉通りに、その当時東洋一の夢の校舎が完成することになりました。

お金はただ持っているだけでは、価値が生かされません。スミばあばの確固たる信仰心と情熱が、聖書の言葉を実現にしたのだと思います。夢を実現化するには、祈りと具体的な行動力の両方が必要です。

（明治文明開花の花々ｐ１６５－１６６）

一流に学ぶ

一流に学ぶ

スミばあばは、家庭や社会で本当に役に立つには、知識だけでは不十分と考えていました。そこで、家政学に関係する様々な技術を自ら身につけるために、その道の専門家を訪ね直接教えを乞いました。スミ先生の主な実習先は、築地の精養軒（西洋料理）、日本橋三越（流行のファッションやラッピング）、神田の能新舎（クリーニング）などです。

スミばあばは、道具にもこだわりました。昭和三年に汎太平洋女性会議に出席した際、アメリカに渡り、その当時日本では一般向けに生産されていなかった洗濯機やアイロンを購入し日本に持ち帰りました。

更に、イギリス留学時代の大学で目の当たりにした礼を重んじた師弟関係を手本として、超一流の教授陣を招きました。例えば、東京帝国大学法学部教授で「日本家族法の父」と呼ばれた穂積重遠先生は民法を、東京女子医科大学創立者の吉岡弥生先生は婦人衛生を担当されていました。この様に、スミばあばは万事本物志向で、莫大な費用をかけて質の良い調理道具や食器什器をそろえました。これは、学生には本物を使わせて、本物の良さを体験させたいという親心から発したものでした。

今の時代は、手ごろな値段のコピー商品が市場に溢れています。自分の領域で一流を目指すには、一流品を使い一流品から学ぶ経験が必要です。一流品は品質が優れている上に、製作者の哲学が反映されているからです。辻調理学校の創立者である辻静雄も、「フランス料理を理解するには、フランスの一流店を廻り沢山食べてみることが大切」と語っています。

（明治文明開花の花々ｐ１６７－１７３）

成功したとき
神に感謝
そうでないとき
自分を反省

成功した時、神に感謝

現在社会では、成功・失敗が強く意識させられる仕組みになっており、「勝ち組・負け組」や「Win & Winの関係」、などの言葉をよく耳にします。世の中で使われている、勝った負けたとは、ほとんど経済の話であり、儲かれば勝ち組、損すれば負け組ということになります。

新しい仕事や、大事なプロジェクトを始める時は、誰もが、成功を祈り、全力で仕事に打ち込むことを誓うでしょう。そして、運・根・鈍（運に恵まれている・継続する根気がある・小賢しいことをしない）に恵まれ努力を続ければ、仕事は成功するでしょう。仕事が首尾よく進むことは、素晴らしいことです。しかし、成功した時こそ心の持ち方に注意が必要です。多くの方は、成功した瞬間、この成功は、自分達の能力や努力の結果であると解釈します。しかし、よく考えてみてください。その仕事を与えてくださったのは誰か？優秀な仲間達を集めてくださったのは誰か？　成功するまで、体を壊すことなく継続させて下さったのは誰か？全て、人間を超えた大きな方の意思が働いています。したがって、成功した時こそ、神様に大いに感謝をしなければなりません。神様が人に仕事をさせるのは、ご自分の意思をこの世に実現させるためだからです。

一方失敗した場合はどうでしょう。多くの人は、失敗の原因を他人に求めがちです。失敗もまた、神様からのメッセージです。失敗した時には、自分の問題として、何故失敗したのか冷静に考えましょう。

（増訂三ぼう主義ｐ３２５－３３８）

本のおもしろさは
自分で読まないと
分からない

本は読まなければ分からない

最近の大学生の読書離れは著しく、平成二十九年の全国調査では、一日の読書時間が0分と答えた者が半数を超えました。現在の若者の情報源は、SNSやネット情報が主流になっています。

増訂三ぼう主義の最後の部分に、読書に関する話が書かれています。内容は、伊藤博文が門司に逗留中に体調を崩し、床についていた時も、洋書を読んでいるのを見た医者が、「こんな時でも洋書を読まれるのか？」と質問したところ、伊藤博文は、「本に書いてある内容は誰でも分かるが、その行間の意味（著者が本当に伝えたい事）は自分で読んでみなければ分からない。だから、こんな状況でも読んでいるのだ」とお答えになったという逸話です。

私も、読書好きで何でも読みますが、昔の本ほど、行間の意味が深淵です。繰り返して読む度に、読後感が異なり、新しい発見があることを経験します。

SNSやネット上の記事は、わかりやすいことが重要視され、配信者の意図が含まれるので、記事の内容が必ずしも正しいとは限りません。

この度、私はスミばあばの言葉を紹介させていただいておりますが、スミばあばに興味を持たれた方は、是非原典を読んで見てみてください。

本は、読み手に応じて変貌を遂げます。ご自分が気に入った本は手元において繰り返し読んでください。本が、あなたの心の成長度を評価してくれるかもしれません。

（増訂三ぼう主義ｐ３３８－３４３）

似た者夫婦に
なりましょう

似たもの夫婦になりましょう

スミばあばは、アザがある顔で生まれたため、当時の社会状況から結婚を諦め、学問で身を立てようと決心して教育の道へ進みました。しかし、四十一歳の時に、ある方の紹介によって、キリスト教徒の大江玄寿と結婚しています。神様は、スミばあばにアザばかりでなく、良き伴侶もお与えになりました。こうして、イギリスで勉強した新しい家政学を家庭の中で実践する機会に恵まれ、実学としての家政学が完成して行きました。

増訂版三ぼう主義の付録の中に、近頃感じたこととして「似たもの夫婦」が取り上げられています。スミばあばの鋭い観察によれば、もとは性格も習慣も違う二人が結婚し、共同生活を続けていくと、良かれ悪しかれ強い方に弱いほうが引っ張られて「似たもの夫婦」ができあがるとのことだそうです。そして、良い家庭を築くためには、互いの心がけが大切で、「柔よく剛を制す」という言葉を引いて、妻としての夫への接し方を事細かに書いています。たとえば、夫には書斎を持たせ、結婚後も愛情中毒に陥らせることなく勉強できる環境を作ることの重要性や、夫が眠気を催さずに勉強できるための間食や夕食の出し方など、相手の立場を考えた具体的な生活上の注意点が記載されています。

ひるがえって、現在の一般的な家庭生活はどうでしょう。家事一般にかかる労力は当時とは比べられないほど軽減化していますが、共働きで双方忙しく、お互いに権利を主張するばかりで家事分担をめぐって毎日争いが絶えないとしたら心寒いものがあります。夫婦共々、一寸した家政学の知識・技術を身につけていれば、良い意味の「似たもの夫婦」が住む、居心地が良い家庭を築くことができるでしょう。

（増訂三ぼう主義　付録ｐ１－18）

汝らは地の塩なり
汝らは世の光なり

地の塩・世の光

「あなたがたは地の塩である。あなたがたは世の光である。」この言葉は、マタイによる福音書5の有名な言葉です。

スミばあばはこの言葉をとても大切にされ、学院で学んだ卒業生が、家庭や社会で良い働きをする様に祈っておりました。今でも天国から祈ってくださっていることでしょう。ちなみに、スミばあばが設立した学校法人東京家政学院の同窓会の名前は「光塩会」といいます。

私は、聖書のこの言葉を読んで、天台宗開祖の最澄による「一隅を照らす」を連想しました。しかし、聖書を読み返してみると、私の解釈は間違っていることがわかりました。それは、聖書には、もし人が「地の塩・世の光」となったらどうなるのかが書かれていたからです。そこには、こう書いてありました。「人々が、あなたがたの立派な行いを見て、あなたがたの天の父をあがめるようになるためである。」

一般的な、日本人は、自分が努力すれば、世の役に立つ活躍ができて、自分の名声も上がると考えるのが普通だと思います。しかし、努力して「地の塩・世の光」となる目的は、個人の成長ではなく、神様の栄光のためだったのです。従って、自らの悟りのために「一隅を照らすこと」を信念としているお坊さまと、「地の塩・世の光となること」を目標としているキリスト教徒では、見かけの行動は同じでも、目指すところは全く違います。

スミばあばの心には、神様の意思があり、このことが、スミばあばの言葉に力を与えているのだと思います。

（ひとひらの雪としてｐ１３３－１４２）

おわりに

最後まで読んでいただき、ありがとうございました。スミばあばの言葉は、私にとって何度味わっても飽きることがない、毎朝いただくお味噌汁の様です。

現在の日本は、新しい感染症や繰り返す自然災害に苦しめられています。しかし、これらは今までの経済最優先の生き方で本当に良いかどうか、立ち止まって考えさせるための地球からのメッセージかもしれません。「ステイホーム」の掛け声のもとで自宅で過ごす時間が長くなり、家庭生活を見直された方も多いのではないでしょうか。幸せな人生の基本は家庭です。世の中を良くするには、一人ひとりの心がけと家庭の平和が欠かせません。家族のために食事を作ったり、住み心地の良い環境を整えたり、子どもとゆっくり話をすることは、大きな意味があることを思い出してください。「スミばあばの言葉」が皆さんの心の支えとなり、生きてゆく本当の意味を見出されることを切に祈っています。最後に、スミばあばに関する様々な情報をいただいた、学校法人東京家政学院及び光塩会、あづま会の皆様方に感謝いたします。

参考文献

『増訂　三ぼう主義　復刻版』　東京家政学院光塩会
『ひとひらの雪として　―大江スミ先生の生涯―』　大濱徹也　著
『明治文明開化の花々』　松郁賀太　著

原　光彦（はら　みつひこ）

一九六〇年　福島県に生まれる。

一九九〇年　日本大学医学部大学院医学研究科卒業。医学博士。

日本大学医学部附属板橋病院や都立広尾病院などで小児科医として勤務。

二〇一五年から東京家政学院大学現代生活学部教授。

二〇一八年から東京家政学院大学人間栄養学部教授。

二〇一九年から日本大学医学部小児科客員教授。

専門は、小児生活習慣病、応用栄養学、スポーツ医学など。

主な著者に、『子どものメタボが危ない！小児科医からの緊急提言』（主婦と生活社）、『小・中学生のスポーツ栄養ガイド』共著（女子栄養大学出版部）などがある。

スミばあばの言葉
あなたを励ます珠玉の言葉

二〇二〇年九月二十六日　初版第一刷発行

著　者　原　光彦
発行者　谷村勇輔
発行所　ブイツーソリューション
〒四六六・〇八四八
名古屋市昭和区長戸町四・四〇
電　話　〇五二・七九九・七三九一
ＦＡＸ　〇五二・七九九・七九八四
発売元　星雲社（共同出版社・流通責任出版社）
〒一一二・〇〇〇五
東京都文京区水道一・三・三〇
電　話　〇三・三八六八・三二七五
ＦＡＸ　〇三・三八六八・六五八八
印刷所　モリモト印刷

ISBN978-4-434-27956-0